Paris. — Imprimerie de Vinchon.

Palais de Versailles.

Représentation du samedi 10 juin 1837.

Ouverture

d'Iphigénie en Aulide, de Gluck.

Le Misanthrope,

Comédie en cinq actes et en vers, de Molière.

Robert le Diable,

Paroles de MM. Scribe et Germain Delavigne,
Musique de M. J. Meyerberr.

Fragment du troisième acte. — Cinquième acte.

Fêtes à Versailles,

Intermède par M. Scribe,
Musique composée et arrangée par M. Auber,
Ballet par M. Coralli.

1ʳᵉ Partie. — **UNE FÊTE SOUS LOUIS XIV.**
2ᵉ Partie. — **UNE FÊTE EN 1837.**

L'Orchestre sera dirigé par M. Habeneck.

PROGRAMME.

OUVERTURE
D'IPHIGÉNIE EN AULIDE, DE GLUCK.

Le Misanthrope,

Comédie en cinq actes et en vers, de MOLIÈRE.

Personnages.	Acteurs.	Personnages.	Acteurs.
Alceste, amant de Célimène,	MM. PERRIER.	Un garde de la maréchaussée,	MM. REGNIER.
Philinte, ami d'Alceste,	PROVOST.	Basque, valet de Célimène,	A. DAILLY.
Oronte, amant de Célimène,	SAMSON.	Célimène, amante d'Alceste,	Mmes MARS.
Acaste, } marquis,	FIRMIN.	Éliante, cousine de Célimène,	PLESSY.
Clitandre, }	MENJAUD.	Arsinoé, amie de Célimène,	MANTE.
Dubois, valet d'Alceste,	MONROSE.		

Robert le Diable,

Paroles de MM. SCRIBE et GERMAIN DELAVIGNE,
Musique de M. J. MEYERBEER.

FRAGMENT DU 3me ACTE. — 5me ACTE.

Personnages.	Acteurs.	Personnages.	Acteurs.
Robert, duc de Normandie,	MM. DUPREZ.	Le Chapelain de Robert,	MM. BARREZ 1er.
Bertram, son ami,	LEVASSEUR.		SCIO.
Un Ermite,	SERDA.	Fugitifs....................	LENOIR.
Alice, paysanne normande,	Mlle FALCON.		ADICE.

CORYPHÉES.
MM. MASSOL, A. DUPONT, WARTEL, et F. PRÉVOST.

CHOEURS.

INTERMÈDE.

Fêtes à Versailles.

INTERMÈDE.

Première Partie. — UNE FÊTE SOUS LOUIS XIV.

Scène Première.

LULLI, QUINAULT.

Lulli, pour obéir aux ordres de Louis XIV, prépare une fête magnifique dans le palais de Versailles.

Un salon immense et richement éclairé est disposé pour un ballet.

Lulli donne ses dernières instructions au chef d'orchestre et aux principaux musiciens à qui il indique sur sa partition le mouvement des différens airs de danse.

Il indique aussi au maître des ballets et aux danseuses qui l'entourent, les figures et les pas de caractère qu'elles doivent exécuter.

Scène Deuxième.

Quinault vient demander de la part du Roi pourquoi le spectacle ne commence pas.

Voici le Roi et toute sa cour : ils se placent sur une estrade de côté, d'où les acteurs seuls les aperçoivent, ils ne sont point en vue du spectateur.

Les gardes-du-corps, les gentilshommes de la chambre, les seigneurs de la cour qui sont assis au-dessous du Roi, indiquent la loge royale, mais ne la laissent pas voir ; à l'arrivée du Roi, tout le monde se lève ; puis Lulli donne le signal, et le ballet commence.

Première Entrée.

Personnages.	Acteurs.	Personnages.	Acteurs.
Lulli,	M. *Simon.*	Quinault,	M. *Élie.*

MENUET A HUIT.

Les Sieurs,	Messieurs,	Les Demoiselles,	Mesdames,
Ballon,	*Montjoie.*	Hilaire,	*Legallois.*
Beauchamp,	*Guerra.*	Labarre,	*Julia.*
Favier,	*Frémolle.*	Debrie,	*Roland.*
Des-Airs-Galand,	*Coralli fils.*	Duparc,	*Forster.*

Deuxième Entrée.

PASSEPIED ET SARABANDE.

Seigneurs et Dames de la Cour.

Seigneurs dansans.		Dames dansantes.	
Le Mquis de Villeroy,	Mrs *L'Enfant.*	Mlle de Lavallière,	Mmes *Beaupré.*
Le Mquis de Rassan,	*Isambert.*	Mlle de Rochefort,	*Leclerc.*
Le Cte du Lude,	*Lefebure.*	Mlle de Brancas,	*Delaquit.*
Le Cte d'Armagnac,	*Ragaine.*	Mlle de Guiche,	*Lacroix.*
Le Mquis d'Humières,	*Grenier.*	Mlle de Nangis,	*Saulnier 1re.*
Le Mquis de Lavallière,	*Celarius.*	Mlle de Vardes,	*Bassompierre.*

Gentilshommes de la Chambre et Gardes-du-Corps.

Mrs Provost 1er.	Mrs Bégrand.
Gondouin.	Clément.
Adrien.	Monnet.
Honoré.	Paul Péron.
Millot.	Charles Petit.

Troisième Entrée.

MARCHE ET CÉRÉMONIE.

MOLIÈRE

Et ses Acteurs, avec les costumes du Misanthrope.

MOLIÈRE . . . . **M. Charles Mangin.**

Personnages.	Acteurs.		Personnages.	Acteurs.
Alceste,	MM. *Perrier.*		Un garde,	MM. *Régnier.*
Philinte,	*Provost.*		Basque,	*Dailly.*
Oronte,	*Samson.*		Deux valets,	*Faure* et *Alexandre.*
Acaste,	*Firmin.*		Célimène,	Mmes *Mars.*
Clitandre,	*Menjaud.*		Éliante,	*Plessy.*
Dubois,	*Monrose.*		Arsinoé,	*Mante.*

CORNEILLE

Et les Comédiens de l'Hôtel de Bourgogne, avec les costumes du Cid.

CORNEILLE . . . . **M. Geffroy.**

D. Fernand,	MM. *Colson.*		Chimène,	Mmes *Noblet.*
Rodrigue,	*Davia.*		Elvire,	*Thénard.*
D. Diégue,	*Auguste.*		Un chef de garde,	*Baune.*
Le Comte,	*St-Aulaire.*		Six gardes figurans.	
D. Sanche,	*Mirecour.*			

RACINE

Et les Acteurs d'Athalie.

RACINE . . . . **M. Volnys.**

Joad,	MM. *Joanny.*		Josabeth,	Mmes *Brocard.*
Abner,	*Beauvalet.*		Zacharie,	*Anaïs.*
Mathan,	*Marius.*		Salomith,	*Volnys.*
Athalie,	Mmes *Paradol.*		Joas,	*Clara.*
Suivante d'Athalie,	*Tousez.*		Sa nourrice,	*Dupont.*

Femmes de la suite de Josabeth :

Mmes Desmousseaux, Hervez, Geffroy, Béranger, Moreau-Sainti, Aglaé et Ida.

Un chef de lévites, M. Guiaud.

Huit lévites :

MM. Duparay, Fonta, Monlaur, Arsène, Louis, Mathien, Leroy et Gaston.

Tous défilent devant le Roi et vont se placer au fond du Théâtre. La toile du fond se lève. On aperçoit dans le lointain la façade du Château de Versailles tel qu'il était sous Louis XIII. En avant est la statue équestre du Roi, entourée de Personnages allégoriques : Apollon, Minerve, Neptune, les Muses et les Arts.

Sur le piédestal on lit :

A LA GLOIRE DE LOUIS XIV.

Tous les Acteurs, Seigneurs et Dames de la cour qui ont figuré dans la Cérémonie, se groupent autour de la Statue en agitant des couronnes et des branches de laurier.

Entr'acte.

Des nuages couvrent le fond du théâtre et dérobent à la vue et ce tableau, et Louis XIV et toute sa cour.

Commence une symphonie allégorique. On entend d'abord des airs vifs et joyeux (1); puis une musique légère, élégante et voluptueuse (2), à laquelle se mêlent rarement et de loin à loin quelques sons guerriers (3). Pendant ce temps, des nuages encore clairs et transparens continuent à descendre sur la scène.

(1) La régence.
(2) Louis XV.
(3) La bataille de Fontenoy, etc.

Peu à peu l'horison s'obscurcit, les nuages s'amoncèlent; voici une nuit profonde; voici la tempête qui mugit. Une symphonie large et imposante peint le désordre de tous les élémens confondus. De temps en temps, au milieu de l'orage, des chants de guerre et de victoire se font entendre (1).

A la lueur des éclairs qui brillent, et qui, pendant quelques instans, dissipent les nuages, on voit paraître un aigle qui porte la foudre et se perd dans les cieux (2).

La tourmente semble un moment s'apaiser (3), l'orage s'éloigne, mais on l'entend encore gronder à l'horison. Lentement il se rapproche, il augmente, il éclate dans toute sa force, et l'orchèstre fait entendre des airs de triomphe et des chants populaires (4).

Le ciel s'éclaircit, les nuages se dissipent et laissent percer des rayons de soleil. Une musique calme et majestueuse peint la paix qui revient, et la tranquillité qui renaît.

(1) 1793.
(2) L'empire.
(3) La restauration.
(4) 1830.

Deuxième Partie. — UNE FÊTE EN 1837.

Le théâtre représente le Château de Versailles tel qu'il est maintenant ; l'on aperçoit la grande galerie des Batailles.

BAL PARÉ ET COSTUMÉ,

Une foule de Danseurs et de Danseuses en costumes de tous les temps, se promènent dans la galerie. Le bal commence.

PAS DES FOLIES.

Mesdemoiselles Noblet *et* Fitz-James.

Mmes Carrez, coryphée.		Mmes Guichard, coryphée.
Robin.		Thomas.
Marivin.		Pérès.
Dumilâtre 2me.		Dumilâtre 1re.

PAS DE DEUX.

Mesdemoiselles Fanny *et* Thérèse Elssler.

Mmes Stéphan, coryphée.		Mmes Albertine, coryphée.
J. Mercier.		Desjardins 2e.
Caroline.		Kollemberg.
Batiste.		Célestine.
Velch.		Provost.

PAS DE TROIS D'ALI-BABA.

Mesdemoiselles P. Leroux, Maria *et* Blangy.

PAS STYRIEN.

※━◆━※

M. Mazillier — Mme Dupont.

Mrs Chatillon.		Mmes Aimée.
Mignot.		Célarius 1re.
Desplaces 2e.		Célarius 2e.
Alexandre.		Jomard.
Barrez fils.		Nazenuth.
Collet.		Colson.

La Cachucha.

※━◆━※

Mademoiselle Fanny Elssler.

Mrs Louis Petit.		Mes Coupotte.
Cornet.		Duménil 1re.
Mérante.		Duménil 2e.
Guiffard.		Athalie.

Personnages Allégoriques.

Apollon,	Mr *Dor.*	Enfans représentant les Arts.
Neptune,	Mr *Carrez.*	
Minerve,	Mlle *Ligny.*	Mrs Provost 2me.
		Cornet 2me.
		Ernest.
Muses.		Lecouturier.
Mmes Delamain.	Mmes Lelong.	Mlles Elise Bellon.
Rondeau.	Dabedie.	Pérès 2me.
Courtois 3e.	Manuel.	Delètre.
Desjardins 1re.	F. Davesne.	
Gervoise.		

Entrée de tous les Danseurs, Final Général.

Dernier Tableau.

La toile du fond se lève; on aperçoit au milieu des nuages éblouissans de lumières, le **Génie de la France** entouré de toutes les gloires militaires de la monarchie, de la république, de l'empire et de nos jours.

D'innombrables bataillons s'étendent sur une ligne immense qui commence par la cuirasse et le casque de anciens chevaliers, et finit par l'uniforme et le schako de nos soldats.

Aux pieds du **Génie de la France**, est un groupe des poètes, des savans, des artistes de tous genres qui l'ont illustrée. Au-dessus de ce tableau, planent des **Renommées** tenant une légende où sont inscrits ces mots:

A TOUTES LES GLOIRES DE LA FRANCE.

www.ingramcontent.com/pod-product-compliance
Lightning Source LLC
Chambersburg PA
CBHW061816040426
42447CB00011B/2676